BEI GRIN MACHT SICH IHR WISSEN BEZAHLT

- Wir veröffentlichen Ihre Hausarbeit,
  Bachelor- und Masterarbeit

- Ihr eigenes eBook und Buch -
  weltweit in allen wichtigen Shops

- Verdienen Sie an jedem Verkauf

Jetzt bei www.GRIN.com hochladen
und kostenlos publizieren

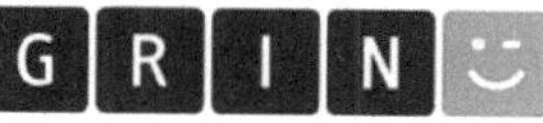

Jesse Manzke

Bücher digitalisieren - eine Kurzanleitung

GRIN Verlag

Bibliografische Information der Deutschen Nationalbibliothek:

Die Deutsche Bibliothek verzeichnet diese Publikation in der Deutschen National-
bibliografie; detaillierte bibliografische Daten sind im Internet über http://dnb.d-
nb.de/ abrufbar.

Impressum:

Copyright © 2011 GRIN Verlag GmbH
Druck und Bindung: Books on Demand GmbH, Norderstedt Germany
ISBN: 978-3-656-24863-7

Bücher Digitalisieren - Tutorial

Hier möchte ich euch gern eine Anleitung geben wie ihr Bücher, Hefte, Zeitungen usw. Digitalisieren könnt.

Benötigte Materialien:

- Scanner oder Digicam
- OCR Programm (Finereader oder Omnipage)
- Festplattenspeicher (~2GB pro Buch) [variert je nach Auflösung, Seitenzahl, Bildformat]
- Viel Zeit
(für ein Taschenbuch ~2h für das Scannen/Fotografieren; ~3h für das einlesen/Bild bearbeiten; ~2h für das OCR erkennen/Rechtschreibprüfung)

Optionale Materialien:

- Beleuchtung (Fotostudiobeleuchtung oder Tageslicht Lampen)
- Stativ beim Fotografieren
- Glasplatte um Seiten immer Plan zu halten

Eins sollte jedem Interessierten klar sein.
Das digitalisieren von Büchern ist eine undankbare und langatmige Beschäftigung.
Alle meine Schritte sind nur eine Möglichkeit der Digitalisierung.
Abwandlungen und alternative Schritte sind durchaus Möglich und in vielen Fällen sogar notwendig.
Jeder hat andere Möglichkeiten und arbeitet anders.

Nun kommen wir zur Schritt-für-Schritt-Anleitung

1.Der Aufbau

Der Aufbau ist Simpel.
Das Stativ mit der Kamera wird so aufgebaut das man möglichst senkrecht nach unten Fotografiert.
Damit das Buch gut vom Hintergrund abgehoben wird empfiehlt es sich, ein schwarzen oder weißen Hintergrund auf den Boden zu legen.
Ich habe festgestellt das sich hierfür ein schwarzes Stoffmauspad hervorragend eignet, weil es zudem Rutschhemmend wirkt.
Auch hat man dadurch ein optischen Anschlag und verdreht das Bild nicht versehentlich beim umblättern.

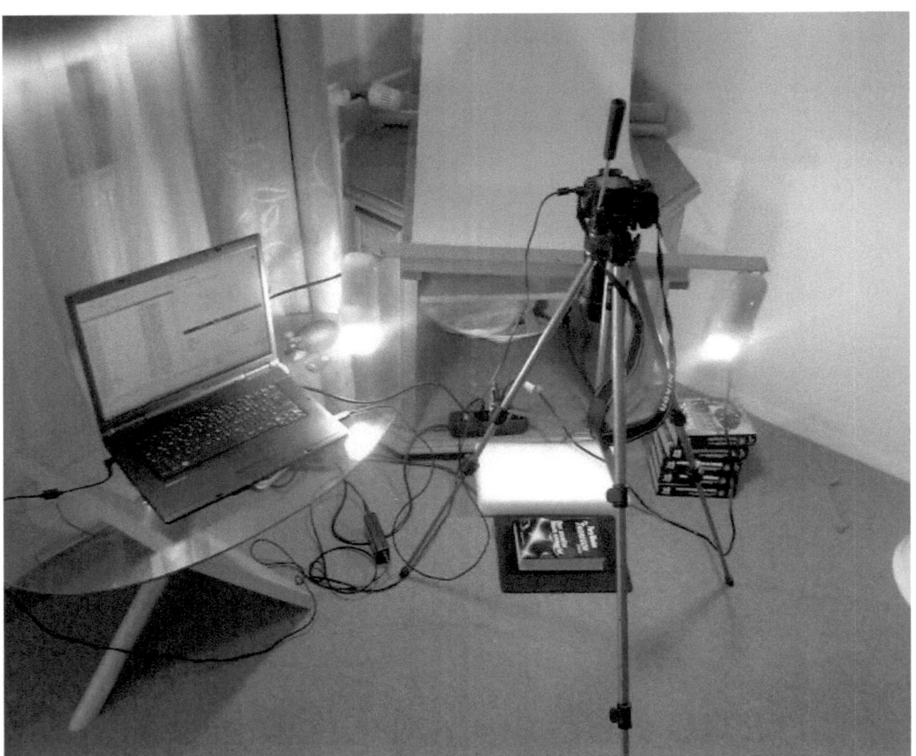

Das Laptop wird in der nähe Platziert um zum einen schnell eingreifen zu können und zum anderen um immer mal wieder ein Blick auf die Fotos werfen zu können.

Die Lampen werden von oben leicht Seitlich angebracht und sollten das Buch möglichst gleichmäßig ausleuchten.
Wichtig: Achtet darauf das ihr keinen Schatten in der Buchpfalz werft.

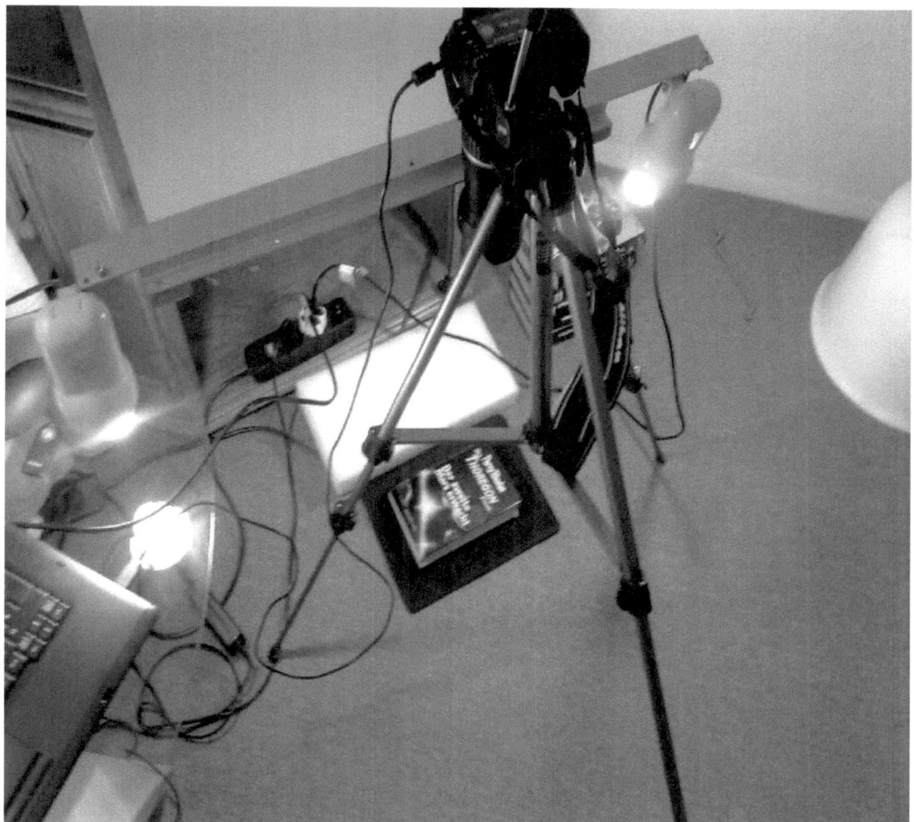

Um den Buchrücken zu schonen bietet es sich auch an ein 2tes Buch oder einen anderen Gegenstand zu haben mit dem man das aufklappen des Buches über ein bestimmten Winkel verhindert. (Der Winkel ist bei jedem Buch unterschiedlich)

Wenn alles Stimmt kann es schon los gehen.
Um eine Möglichst gute Qualität zu gewährleisten Fotografiere ich jedes Blatt einzeln (Also keine Doppelseiten).
Das ist zwar mehr Arbeit, aber für die OCR Erkennung braucht man mindestens 300 DPI.

2.Das Fotografieren

Als erstes sollte man in den manuellen Modus wechseln.
Wir brauchen eine möglichst große Blende damit die Tiefenschärfe so hoch wie möglich ist.
Den ISO-Level können wir bei reinem Text ruhig auf 400 stellen.
Jetzt brauchen wir noch einen manuellen Weißabgleich.
Dafür empfiehlt sich die erste oder letzte Seite des Buches zu nehmen, da diese oftmals unbeschriftet sind.

Fokkusiert wird ebenfalls manuell.
Das Buch sollte so rangezoomt werden das man noch 2-3 cm Luft nach allen Seiten hat,
da das Buch beim Blättern leicht wandert.
Wenn man einige Probeaufnahmen mit der Fernbedienung oder falls keine Vorhanden ist via PC oder Selbstauslöser geschossen hat kann man, falls alles passt auch schon loslegen.

Im übrigen ist es egal von welcher Seite das Buch fotografiert wird.
Das Bild im nach hinein zu drehen organisiert die Software für uns.

Hier noch mal eine Übersicht der Einstellungen:
Modus: manuell
Blende: so groß wie möglich
Weißabgleich: manuell
Fokus: manuell (AF-Off)
Auslösung: Fernbedienung/PC Remote/Selbstauslöser
Blitz: aus
Iso: 400

Um die Bilder möglichst schnell und Platzsparend zu schießen nehme ich Jpg als Aufnahmeformat.
Die Intervalaufnahme starte ich über das Laptop im 7 Sec Zyklus.
Diese Zeit reicht um sowohl umzublättern wie auch das Buch wieder in die richtige Position zu rücken.
Auch wird man feststellen das sich die Blätter gern wölben.
Das ist bei leichten Wölbungen kein Problem bei stärkeren kann man ruhig den Finger nehmen und das Blatt
runter drücken.
Von der Nutzung einer Glasscheibe, um das Blatt flach zu drücken rate ich ab.
Erstens verlängert das den Umblätterprozess enorm und zweitens kann es so zu hässlichen Spiegelungen
kommen.
Den Finger kann man dagegen Leicht retuschieren. (Aber nicht den Finger über Text halten).

3.Das Abspeichern und Umbenennen

Da ich keine Doppelseiten Fotografiere bewege ich mich einmal das Buch nach hinten (alle geraden Seiten)
und danach wieder nach vorn (alle ungeraden Seiten).
Damit die Bilder dennoch sortiert sind nutze ich anschließen den SpeedCommander um die Bilder neu zu
benennen.
Hier hat man die Möglichkeit mit Zähler zu arbeiten.
Für die geraden Seiten nehme ich also ein Zähler [c,1,2,3] (die C steht für Zähler, die 1 für die Erste Zahl mit
der gezählt werden soll, die 2 steht für die Schrittweite also immer 2 Nummer weiter, die 3 steht für die Anzahl
der Ziffern)
Raus kommen jetzt Bilder mit den Namen 001; 003; 005; 007;.....253; 255;257.

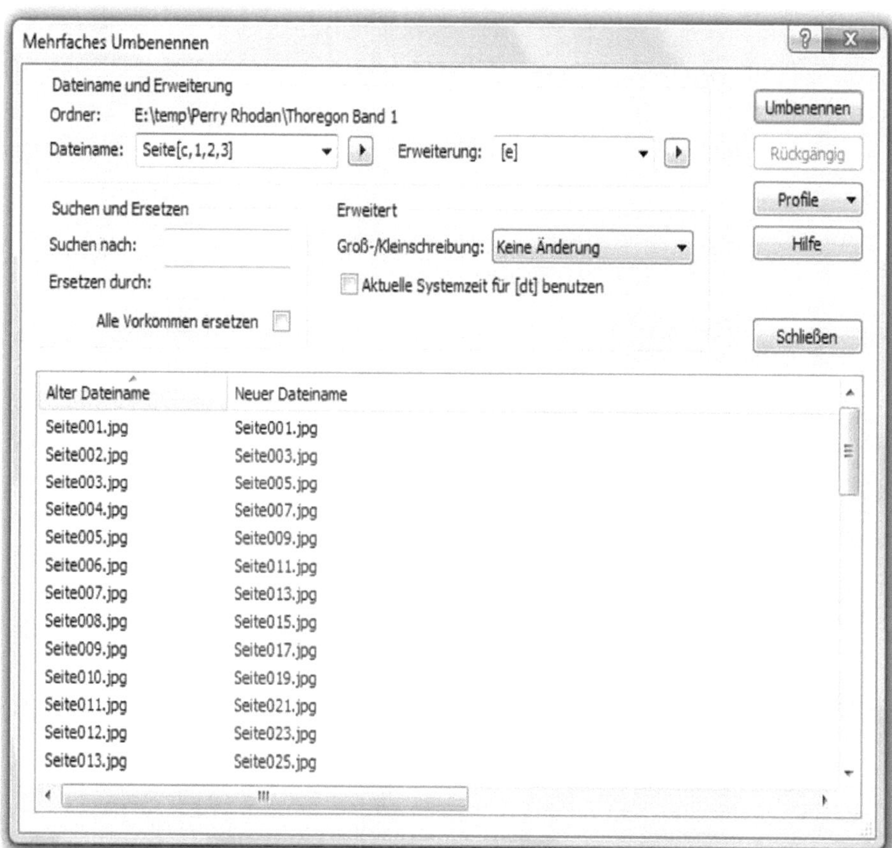

Für die geraden Seiten Zähle ich rückwärts.
Dafür muss ich mir die Seitenzahl der letzten Seite merken. (z.B. 320)
Also gebe ich ein [c,320,-2,3].
Als Ergebnis erhalte ich jetzt Bilder mit den Namen 320; 318; 316; 314;...012; 010; 008.. .

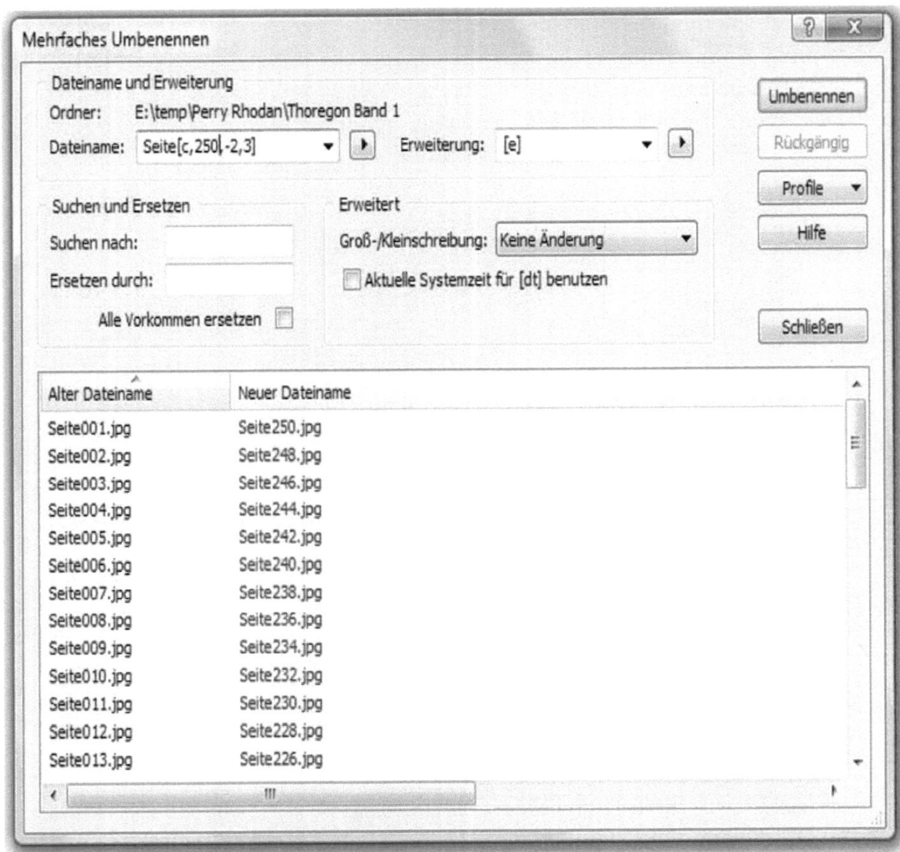

Damit habe ich also jetzt jede Seite als Datei mit dem Namen der jeweiligen Seite.
Das Cover und Booklet werde ich seperat aufnehmen und mit Photoshop editieren.
Hier ist eine OCR Erkennung nicht unbedingt Notwendig.

4. Das bearbeiten mit Abbyy Finereader 10

Als erstes müssen wir die Bilder öffnen.

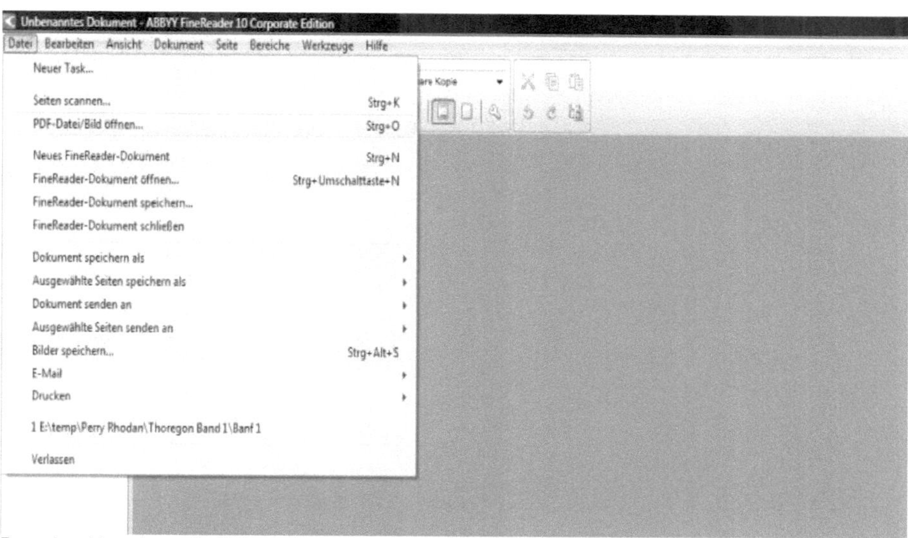

Danach geht es daran die Bilder zu bearbeiten.

Wir müssen nun erst einmal festlegen was von dem Bild die eigentliche Seite ist.
Dafür wählen wir "Trapezfehler korrigieren".

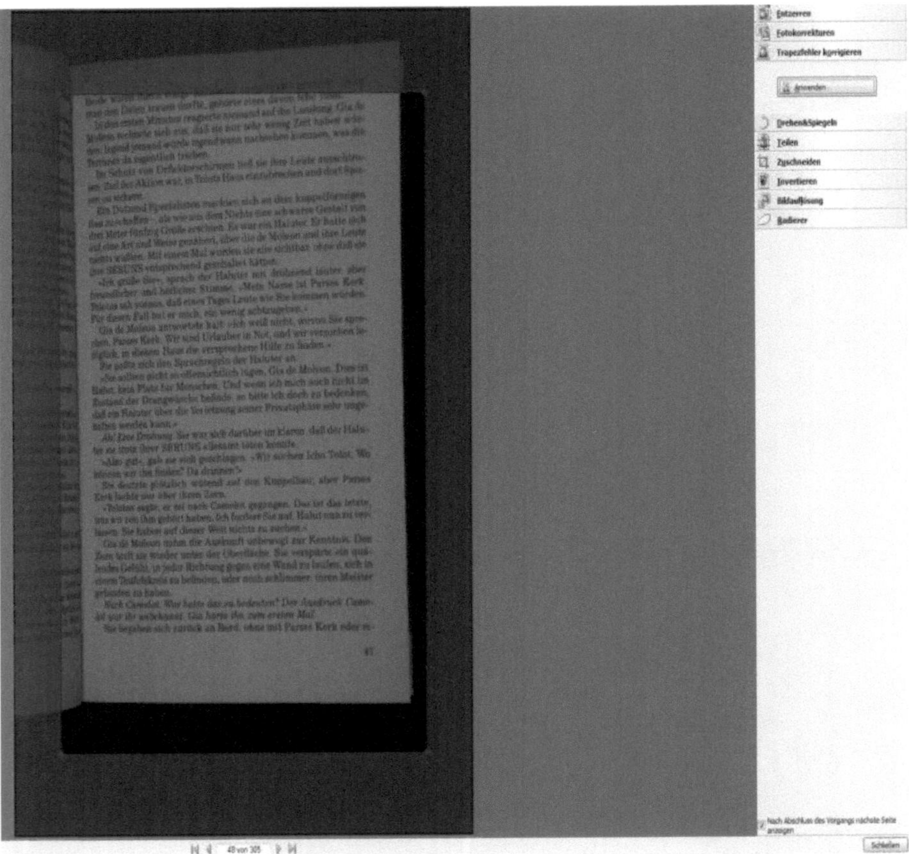

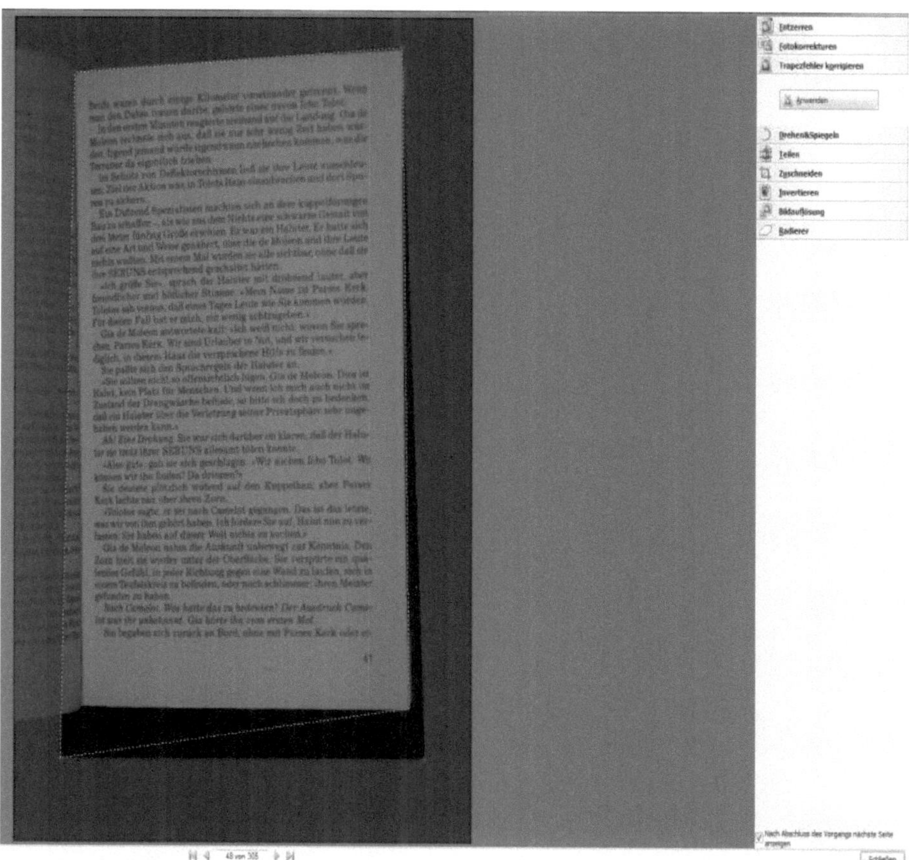

Hier bei wird das Bild auch gleich beschnitten.
Damit das ganze ein wenig flüssig von der Hand geht setzt unten bei "Bei Abschluss des Vorgangs nächste Seite anzeigen" den Haken.

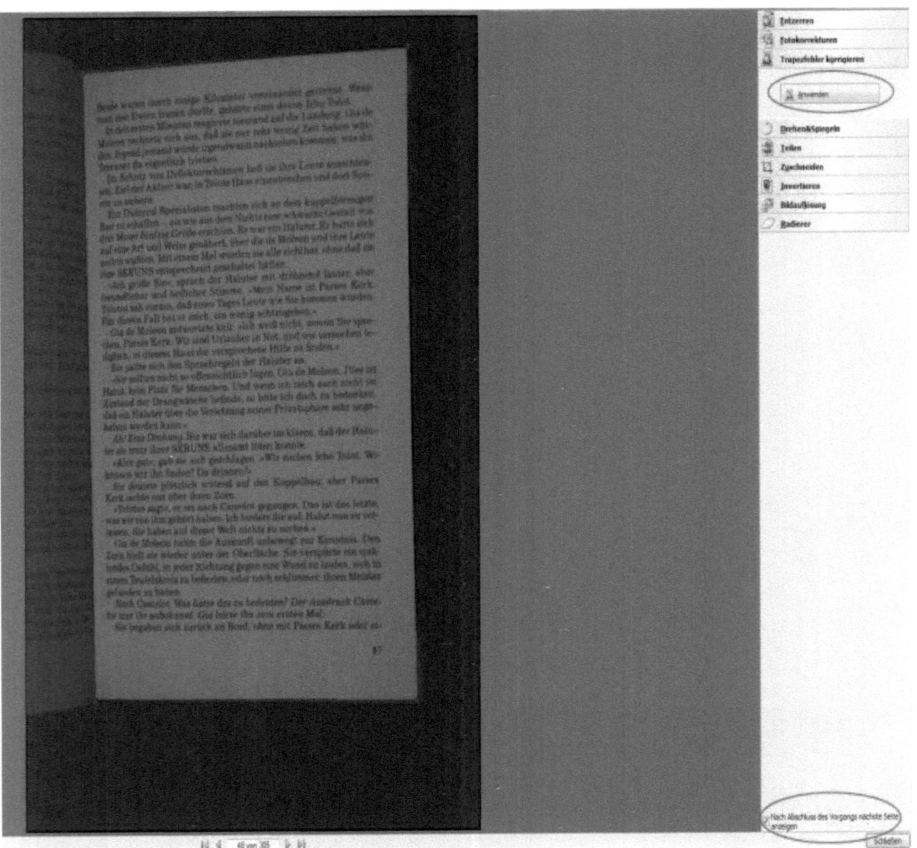

Jetzt müsst ihr euch leider durch alle Seiten einzeln durch kämpfen.
Wenn das geschehen ist wählt ihr den jeweiligen Textbereich aus.

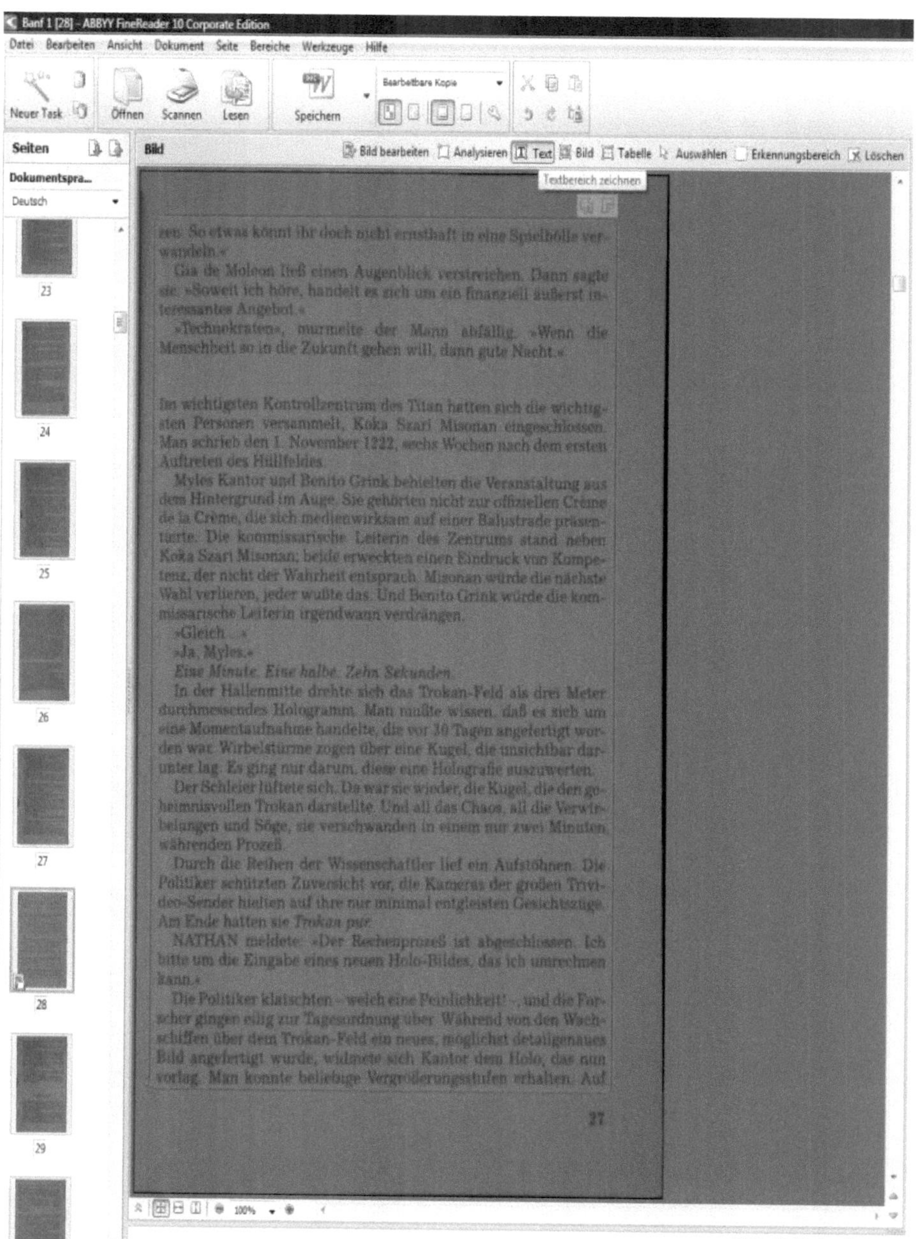

Danach müssen wir noch ein Erkennungsmuster erstellen.

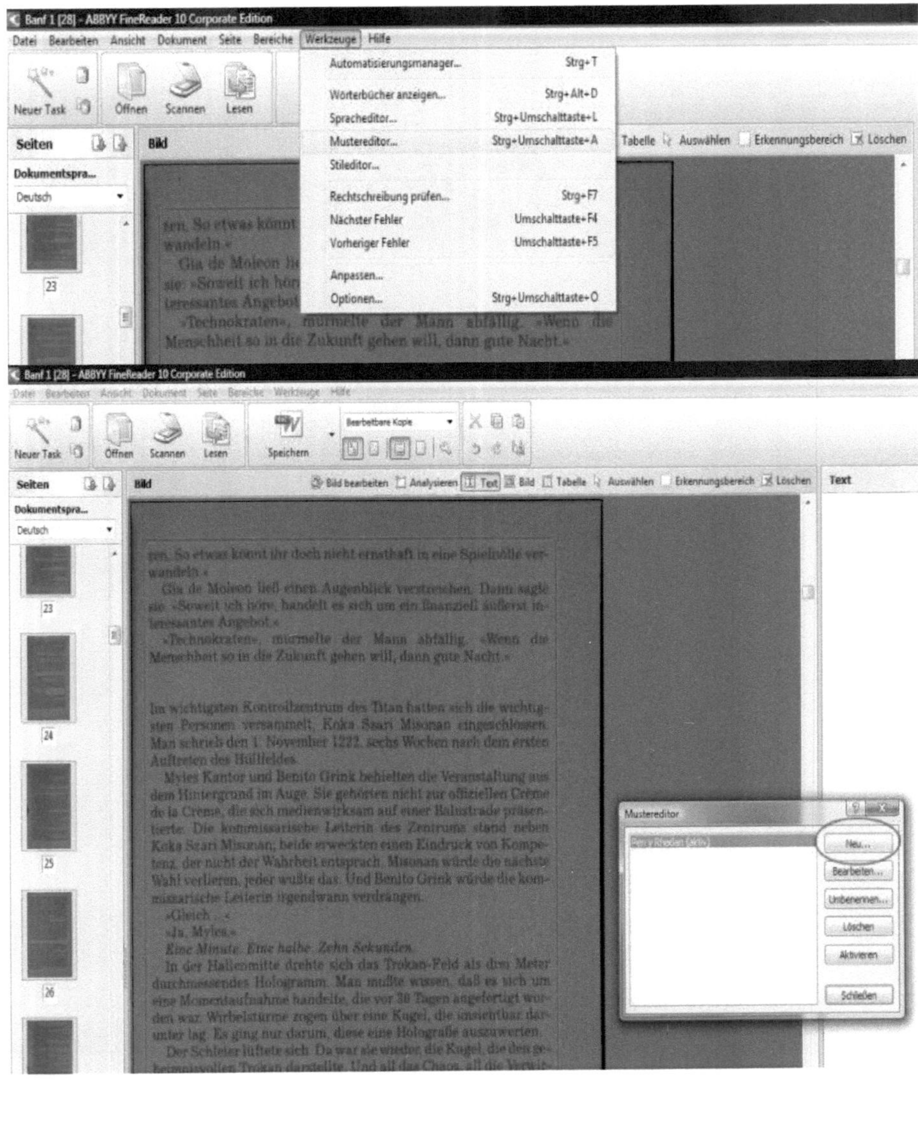

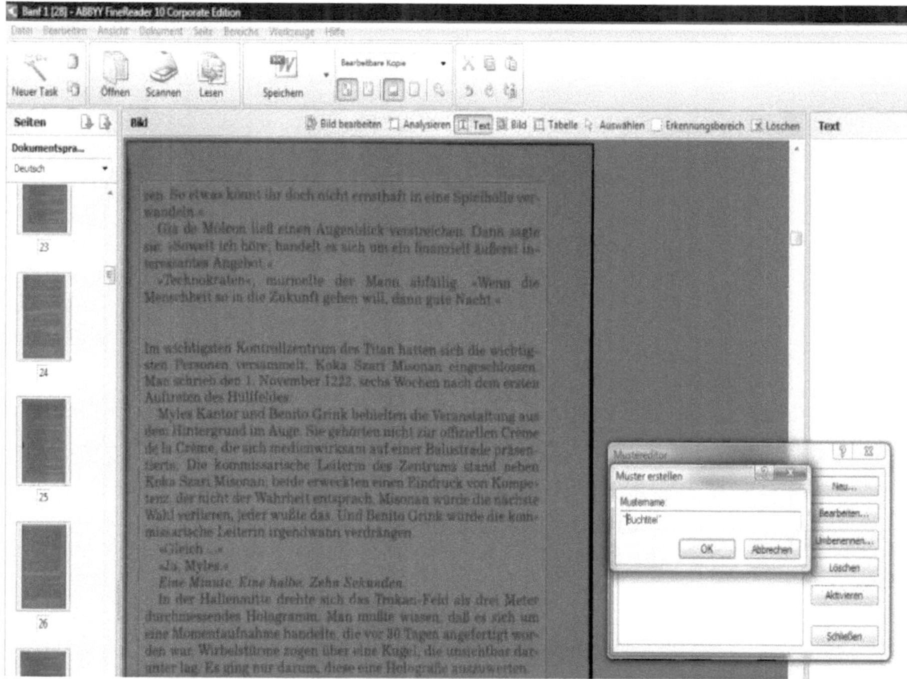

Hier seht ihr mal ein bereits angelerntes Erkennungsmuster.

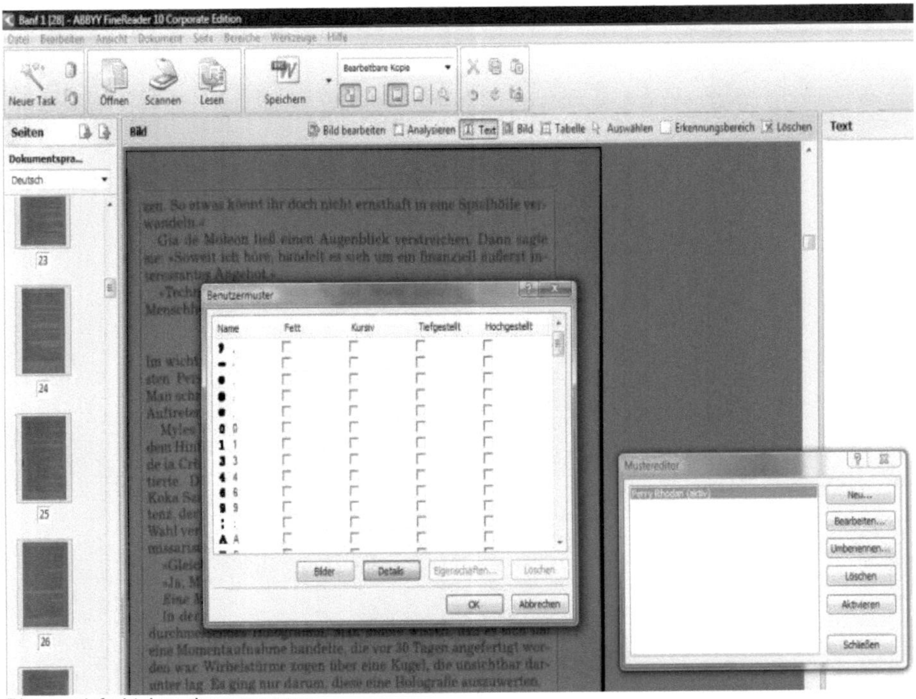

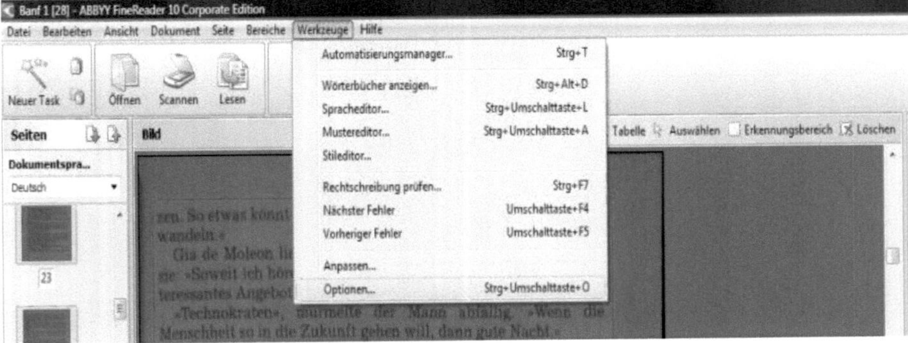

Dies vereinfacht das erkennen enorm.

Das nun erstelle Erkennungsmuster muss natürlich auch noch aktiviert werden.

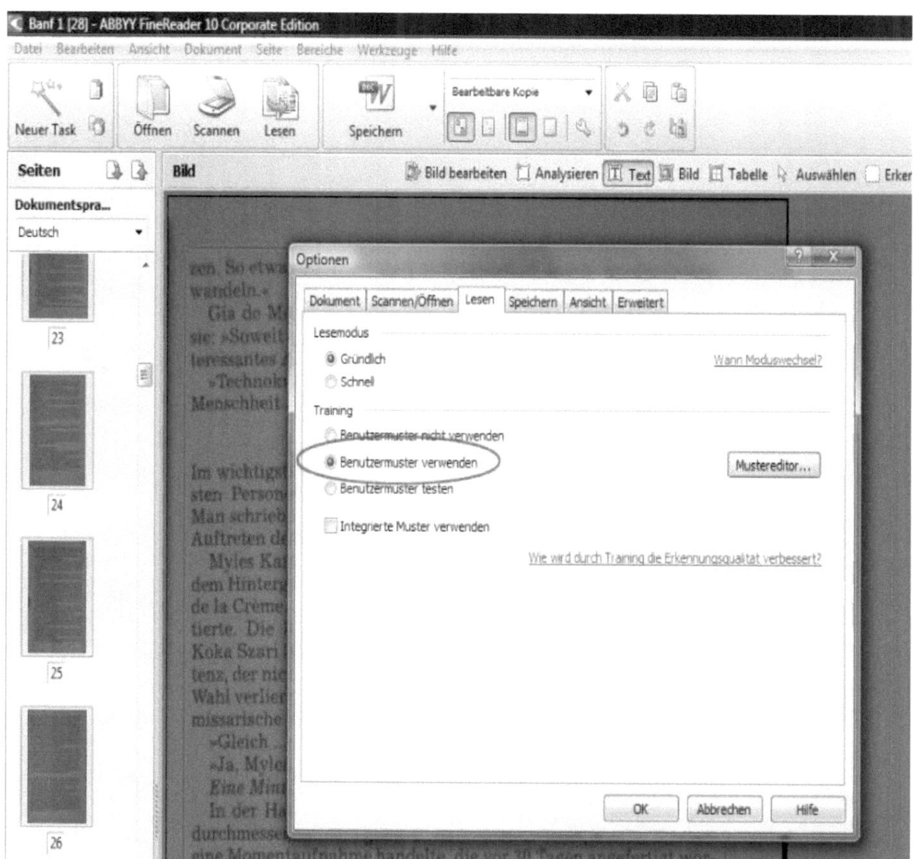

Jetzt geht es los mit dem eigentlichen erkennen.
Die ersten paar Seiten werdet ihr noch so ziemlich jeden Buchstaben manuell bestätigen müssen aber bald
geht es schneller vorwärts.

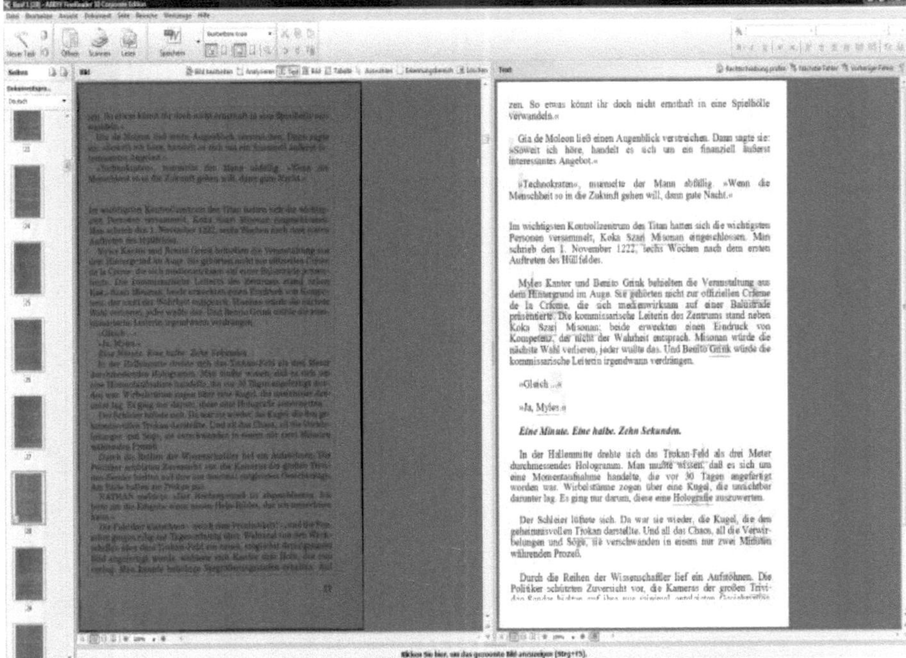

Letztendlich erspart euch der obige Schritt mit dem Muster eine Menge Arbeit bei der Rechtschreibprüfung. Diese sollte nämlich jetzt so gut wie unnötig sein.

Ihr werdet bereits nach der ersten Seite sehen das das Layout alles andere als mit dem Original Übereinstimmt.
Hier müsst ihr nun versuchen den richtigen Fonttyp sowie die richtige Schriftgröße zu bestimmen.
Wenn ihr die korrekten Einstellung gefunden habt müssen diese noch im Stileditor übernommen werden.

Hier habt ihr verschiedene Einstellungen für die unterschiedlichen Fließtexte und Überschriften.
Einfach die oben erprobten Werte für den Fließtext übernehmen und das ganze Dokument ist jetzt in diesem Layout.

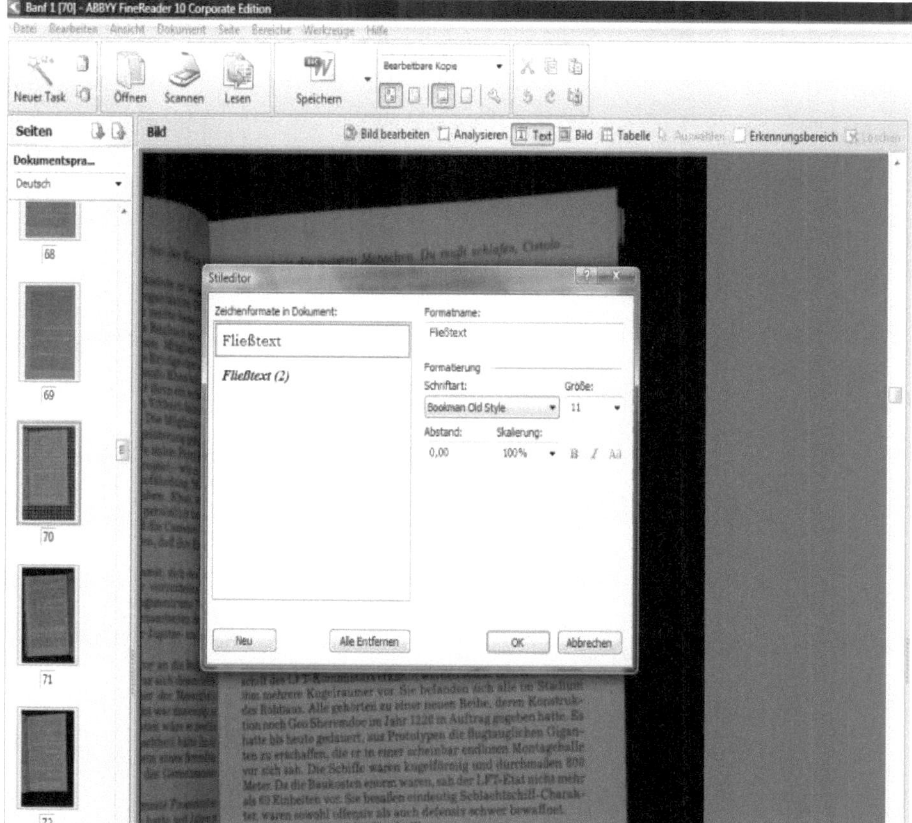

Jetzt kann das ganze exportiert werden.
Das Format ist natürlich euch überlassen aber PDF bietet sich im Dokumenten Markt aufgrund seiner hohen Kompatibilität einfach an.

5. Das bearbeiten mit Adobe Photoshop CS4

Hier geht es vor allem um die Grafiken im Allgemeinen und um Das Cover im besonderen.
Hier sind einige Schritte notwendig um das Bild im besten Licht zu präsentieren.
Wichtig sind hier:

- beschneiden
- Farbkorrektur
- Kratzer/Flecken/Staub entfernen

6. Das bearbeiten mit Adobe Acrobat

Hier werden nun die Grafiken eingefügt, das Seitenlayout angepasst und eine Optimierung des PDF Dokuments betrieben.

7. Das Ergebnis

Das Ergebnis ist eine PDF Datei welche dem Original Layout so nahe wie möglich kommt.

Der Text vollständig durchsuchbar und kopierbar ist.
Die Dateigröße wesentlich geringer ist wie die einzelnen Bilder.
Es keine Flecken oder andere Störungen der Seiten gibt.